CRIS DE L'ÂME

CRIS DE L'ÂME

THOMAS LEROND

NDEDI PUBLICATIONS
Vancouver, B.C.

NDEDI PUBLICATIONS

218-13364 Avenue, Surrey, BC

CANADA

Contents

Dédicace

Je dédie ce recueil de poèmes à mon Seigneur et Sauveur, Jésus Christ de Nazareth.

Mystère et création

Miraculeux pouvoir, délicieuse résonance,

Un être comme divin parle

Dans la nuit de tout silence.

Sa parole dans les ténèbres se fait lumineuse,

Se dessine en ombres radieuses,

Fantôme angélique dont le galbe se précise

En harmonie modulant la beauté.

Ô Dieu! Qui est comme toi ?

Magnifique en sainteté,

Digne de louange,

Opérant des prodiges.

Tu as créé toutes choses

Par la seule puissance de Ton verbe ;

Aussi bien les visibles que les invisibles.

Du néant Tu as formé la terre ;

Du vide Tu as établi les cieux

Et défini les rouages qui les régissent

Ta puissance se dérobe à toute comparaison :

C'est une science au-dessus de la raison :

C'est pourquoi je n'ai d'autre choix

Que de me prosterner devant toi.

Á tout jamais je me soumets à Tes plans éminents

Et à Ta volonté suprême.

Souffle de vie

Admirable volaille au vol majestueux,

Ses ailes planent sur la lande, la campagne découverte

Avec des bosquets d'arbres dispersés, pas trop denses.

Elle affectionne les hautes balades

D'où elle regarde d'amitié la création

Qui gît sous son pouvoir.

Le souffle de sa poitrine réchauffe tous les êtres.

Omnisciente et omnipotente,

On la voit tantôt dans les zones arides,

Tantôt dans les bords des chemins,

Tantôt dans les bordures rocheuses,

Tantôt près des falaises côtières

Tantôt dans les plages,

Tantôt dans les zones d'estuaires,

Tantôt dans les embouchures de fleuves

Tantôt dans les lagunes.

L'esprit d'en-haut couve la terre de ses ailes

Comme la mère poule qui veille sans faille sur ses petits.

Une si longue attente

_____

Plus que jamais j'ai les yeux rivés sur cet angle de la rue

Où je ne vois venir ni messager, ni lettre scellée.

Mon regard scrute l'horizon morose,

Ma pensée s'imagine de vaines choses.

Mon sang fait plus d'un tour dans mes veines :

Pas un seul instant de répit pour ma peine.

Est-ce possible qu'elle n'ait reçu le message ?

Est-ce possible que le facteur se soit dérobé à sa tâche ?

Quoi qu'il en soit, mon avenir repose au fond d'un aveu.

Environné çà et là de paperasse éparse

Je ne vois que des écrits sans substance.

Du courrier et partout du courrier,

Mais pas une seule missive qui satisfasse ma curiosité.

Des journées entières à attendre une lettre

Greffé au-devant de ma sombre demeure

J'épie le crépuscule finissant

Dans l'espoir de saisir quelque image prodigue.

Et bien qu'anéanti par une si cruelle fatigue

Mon attente n'est pas prête de s'estomper

Jusqu'à ce que vienne l'objet de mon désir.

Dans l'expectative d'un dénouement heureux,

Je supplie le Seigneur tout puissant

Que mes forces ne me trahissent

Ou que mon âme ne se désagrège

Lorsqu'apparaîtra enfin l'élue de mon cœur.

Hommage à ma Félicité

Mon cœur a perdu sa Félicité,

Mon cœur a perdu sa Belle,

C'est pourquoi je ne dors ni ne ris;

Car l'herbe qui verdoyait mon sentier vient d'être fauchée.

Le soleil qui illuminait mes journées vient de s'éteindre.

Ma Félicité m'a quitté aux abords du crépuscule.

Elle est partie sans mot dire pour un pays lointain

Me laissant seul et triste.

Chaque jour,

Le chagrin me ronge,

La douleur me torture,

Ma chevelure grisonne avant l'âge.

La décrépitude s'empare de mes os.

Les bals et les festivals,

Les folles farandoles du samedi soir,

La plage, le surf, les voyages,

Tout cela n'a plus d'attrait sur moi.

Je ne vis plus que dans l'attente du moment fatal

Qui me dérobera pour le repos éternel.

Et quand viendra ce beau jour

Je serai enfin affranchi;

Affranchi de ce feu qui me dévore cruellement.

Si la flamme brûlait en dehors de mon corps

Je trouverais refuge dans la vallée de la mort.

Mais puisqu'elle consume au-dedans de moi

CRIS DE L'ÂME

Où trouverais-je place pour ne pas brûler ?

C'est ma Félicité qui remplissait mes journées

Comme l'étendue d'eau remplit l'océan.

C'est elle qui par son sourire enjôleur

Savait calmer mes orages et mes tempêtes.

Jamais je n'oublierai les moments sublimes

Qu'elle et moi avons passé ensemble.

Je me souviendrai toujours de ces soirées passées

Au balcon de notre maison.

Nous parlions d'avenir, de nos rêves,

Nous parlions de nos amis, de la famille,

Nous parlions de tout et de rien.

Je me souviendrai toujours de ces époques collégiennes

Où je la prenais dans mes bras.

Nous faisions des jaloux,

Tout le monde parlait de nos fredaines.

Les amitiés étaient encore franches

L'amour était encore une vertu de haute qualité.

Je me souviendrai toujours de ces ballades au sortir du lycée.

Je la promenais dans tous les coins de la ville,

Et le soir je la conduisais à la plage,

Et là, je lui lisais tout doux mes petits sonnets du matin.

Plutôt que voir ma Félicité s'en aller

J'aurais voulu d'un œil marri

Être ce jour-là même à jamais banni.

J'ai cherché, fouillé et farfouillé.

J'ai même remué la terre et sa fondation

Dans l'espoir stérile de retrouver

Celle que mon cœur aime jusqu'à la mort,

Mais hélas !

Du péché originel à la concaténation des causes

Quelle image,

Cet homme si sage,

Si vertueux qui périt à son printemps

Parce qu'en lui s'est développé ce levain de décomposition

Qui a fermenté dans ses ancêtres.

Quel dommage,

Cette vierge si pure

Si belle qui étale les grâces du jeune âge

Que pour les voir s'évanouir avec les nuages du temps.

Funeste transmission de la mort

Avant d'avoir joui assez de la vie.

La race d'Adam traîne avec elle

La longue agonie dont elle est torturée.

Triste destinée de l'homme déchu,

Fatal héritage du mortel corrompu

Qui lègue à sa postérité une bonne

Partie de ses désordres.

Qu'on l'admette ou pas,

Nous portons tous ici-bas

La prévarication de notre premier père

Devenue d'autant plus lourde que les pères intermédiaires

Y ont ajouté leur propre fardeau.

Qu'on l'admette ou pas,

La faute adamique aura ouvert la porte à tous nos maux.

Les fautes subséquentes ont creusé le fossé.

Plutôt que gaspiller les mots par des discours honteux,

Voilà ce qu'il convient d'intégrer

Pour oser comprendre quelque chose

À la misère intégrale de l'homme.

À l'âme fatiguée, le Seigneur suggère le repos.

À l'esprit assoiffé, Il tend la gourde d'eau

Capable de désaltérer jusqu'à la moelle de l'âme.

Hommage à Bidave

Quand Bidave ferma à jamais ses paupières

Tel le cygne mourant qui chante ses adieux

À la terre tout entière,

Nous étions comme emmaillotés dans un rêve.

Les cloches de Bonakou II

Répandaient en tous lieux

Cette triste et lourde nouvelle :

Un ami nous a quittés,

Un baobab est tombé.

Le cortège funèbre, les processions religieuses,

Sous un ciel macabre et silencieux

Avançaient à pas feutrés vers le sombre caveau.

Les foules étaient en larmes,

Les larmes étaient en flots.

Si cruel était le chagrin dans nos cœurs,

Si mesquin la douleur qui nous consumait.

Les années ont passé,

Les saisons se sont écoulées,

Mais notre douleur est toujours inapaisée.

Jusqu'à quand durera notre peine?

Jusqu'où s'étendra le règne de notre agonie ?

Ceignons donc nos reins mes amis

Et pleurons de plus belle ;

Pleurons l'enfant prodige que nous ne reverrons plus.

Car, jamais le soleil des vivants n'échauffera les morts.

Adieu Bidave !

Adieu mon frère !

Je ne sais en quel siècle c'était

Je ne sais en quel siècle c'était,

Mais je sais que ce siècle était le plus beau de tous.

Des archanges déguisés en bergers,

Chantaient les soirs un hymne léger,

Berçant nos oreilles de symphonies célestes.

Je ne sais en que siècle c'était,

Mais je sais que ce siècle était le plus doux de tous.

Le lion et l'agneau paissaient ensemble

Le maître et le serviteur mangeaient à la même table,

Le monde était encore monde,

La terre était encore terre.

Hélas, il n'en est plus ainsi du temps présent.

Le mal qui émane de l'homme me dévore

J'ai mal dans mon coeur, je suis malade à la mort.

Suis-je un exilé de Dieu sur terre

Ou un nostalgique des temps messianiques ?

Je ne sais en quel siècle c'était,

Mais je sais que ce siècle était le plus beau de tous.

Il pleut dans mon cœur

———————

Il pleut dans mon pauvre petit cœur

Des torrents de larmes et de frayeur.

Ma belle m'a banni de sa sphère

Comme un avorton qu'un vent de feu

Balaie sur son passage.

Telle une écluse qui s'enlise,

Notre amour dérive sans balise.

Je le vois qui sombre sans façon

Au fond de l'océan immense et profond.

———

Ma belle est fragile, mon cœur aussi.

Il en est de même de notre amour,

Comme d'une branche d'aubépine

En proie au péril et aux intempéries ;

C'est pourquoi ne trouvant ni sommeil ni repos,

Je me battrai sans relâche

Jusqu'à ce que notre réconciliation se signale.

Mes amours perdus

L'amour m'a si chèrement vendu ses liens !

L'hymen m'a livré tout entier à ses flammes

Si vive est la douleur dans mon âme,

Si grand est le chagrin qui ici-bas me retient.

Des ennemis tapis dans l'ombre se marrent de moi.

Je suis l'objet de leurs mépris quotidien.

Mais comme toujours, je fais fi des ragots

Et me confie au juge des cieux.

À quoi me sert la gloire des hauts milieux

Si je n'ai pas le suffrage de celle que mon cœur désire ?

À quoi me servent les titres de la cour royale

Si je suis vaincu en mon âme ?

C'en est fait, je crie forfait.

Je renonce à la gloire des salons mondains.

Car il faut bien que je me sépare de ces rudiments

Avant qu'un plus grand tourment

Ne m'emporte dans l'au-delà.

De là-haut où je me vais percher,

Sur la montagne secrète de ma bohème,

Je voudrais pleurer au gré de mon faible cœur

Mes amours perdus en ce bas-monde.

Les amours sont tristes qui finissent comme la tempête.

La rafale en rage rase tout sur son passage,

Mais, elle enfante au loin la pluie et l'accalmie.

J'espère, ô ciel, être un jour arrosé de ses ondées.

À la douceur de la saison nouvelle

À la douceur de la saison nouvelle feuillent les bois,

Jardins et vergers exhalent un souffle de joie,

La campagne rajeunie se vêt de sa plus belle parure,

De jolies éclaircies illuminent le ciel azur,

L'hymne de l'amour dans les cœurs retentit :

C'est le début du bonheur infini.

À la douceur de la saison nouvelle

Les plantes épandent des parfums épars

La forêt s'abandonne à l'extase du rythme

Qui fait cadencer nos cœurs.

Et du coup je sens germer en moi la fleur de l'espérance,

Et je me dis qu'au bout du soir, peut-être

Mon espoir triomphera des malheurs du temps.

À la douceur de la saison nouvelle je pense à toi,

Au serment qui nous garde à jamais scellés.

Les sentiments renouvelés sont des messagers du jour.

Que ton baiser ait donc l'ardeur du soleil, mon amour,

Et la rose nous donnera tout son parfum.

L'intendant d'Eden

L'homme né de la femme

N'est qu'un tissu de paradoxes

Et de conduites infâmes.

Sa négligence à s'occuper de son âme.

Fait souvent de ses jours sur terre

Une foule de maux à guérir.

L'intendant qu'Elohim avait placé en Eden

Pour régner sur les nations

S'est laissé vaincre par ses passions,

L'herbe et le vin ont obscurci sa raison :

Il n'est plus que le triste jouet de son environnement.

Tout était pourtant beau qui décorait son jardin:

Une flore luxuriante au-dessous du firmament serein.

La brise du soir mêlée au parfum enivrant des roses.

Tout était beau.

Mais hélas !

Être maître d'un aussi glorieux trésor

Et le perdre pour un simple mensonge,

C'est cela la bêtise humaine.

Autopsie de l'âme

Assis au bord d'un courant d'eau

Un savant nourri de la crainte du Très-haut

Se plaignait des mœurs de son temps,

Des dérives de la science hautaine

Et vantarde de ses pratiques irrévérencieuses

Son chagrin était tel que de son œil misérable

Coula l'eau lustrale qui purifie l'âme de ses souillures.

La perle lacrymale se mêla au torrent

Et le torrent charia son cœur aux joints du monde.

Il retourna chez lui dans un calme de conscience absolu,

Ayant reçu un filament d'esprit pour l'éclairer dans sa marche.

Le savant moderne nourri d'orgueil

Ou de vanité voit d'un autre œil

Et d'un entendement contraire

L'honneur rendu au Maître de tout mystère.

C'est dans l'amphithéâtre de la dissection

Qu'il va s'instruire de ses destinées :

Armé du scalpel de la rébellion

Il a interrogé la mort

Sur les mystères de la vie.

Croyant arracher au cadavre

Les secrets de l'intelligence,

Il a pénétré d'un œil avide

Dans le labyrinthe glacé de ses sens.

Mais n'y trouvant plus d'âme,

Il a déchiré quelques fibres,

Analysé quelques sels,

Dégagé quelques gaz

Et s'est écrié : Voilà tout l'homme.

« Science sans conscience

N'est que ruine de l'âme »,

Disait le sage Rabelais,

« Et rongement d'esprit»

-Parole du roi Salomon-

La morsure d'Epicure

Le monde souffre de la morsure d'Epicure

Les docteurs de libertinage et de misère

Ont introduit parmi le troupeau divin

Des concepts sans sel ni vie.

Ils font consister le bonheur de l'homme

Dans la volupté des sens.

Ils ont même trouvé en Voltaire un apologiste

Pour les soutenir dans leur cause nihiliste.

Ce maître fameux en fait d'impiété

Avait cru autrefois rétablir la réputation d'Athènes

En essayant d'anéantir celle de Jérusalem.

Erreur colossale de sa part.

Lui dont la vie n'était qu'un tissu de graves désordres,

D'effrénées débauches, d'affreux débordements

Et d'infâmes turpitudes.

Est-ce un acte d'intelligence pour un philosophe

De s'attaquer au Prince des Apôtres?

Est-ce un geste d'éclat pour un faible roseau

Que de toiser la puissance du très-haut ?

N'importe où que l'homme se trouve

Tout lui annonce un être divin.

Tous les hommes de lumière partagent ce bon sens

Sauf Voltaire.

Heureusement qu'il existe encore parmi les savants

Quelques rares hommes de haute sagesse et de discernement;

Lesquels ont su appréhender leurs misères

Et imploré le père de lumières

Avant de Lui remettre de plein gré

Le souffle précieux qu'il leur avait prêté.

Pourquoi tant de grabuge ?

Pourquoi tant de grabuge ?

Pourquoi tant de tohu-bohu ?

Le monde grimace de bruit,

La terre grelotte de colère,

On dirait un volcan au bord de l'explosion.

Les princes des nations sont amers.

Ils forment des complots contre le père,

Ils multiplient des consultations en vue de reculer

La borne ancienne qu'ont placée leurs aïeux.

Par le jeu des alliances

Ils déroulent le tapis rouge au Léviathan,

S'éloignent sciemment des lois naturelles

De leur existence.

Mais l'évidence de leur infamie les rattrape.

Le venin mortifère de la bête s'insinue

dans leurs entrailles

Pour transmettre la mort a un grand nombre.

Est-ce étonnant si leur navire est sans boussole

ni capitaine.

Un monde sans Christ est un monde en crise.

Tant que vous chasserez le Messie de vos hémicycles

Le cycle de la folie s'en ira toujours grandissant.

Douceur marine

_____

Debout sur la quille retournée

Escaladant avec un cœur d'acier

Les formations rocheuses,

Je renifle le doux parfum des eaux et du vent.

Froids sont les embruns d'océan.

Le lac et son bosquet attenant

Forment un décor propice aux ébats.

Un couple de jeunes immigrants se bécote

En contemplant le coucher du soleil.

Son reflet irisé sur l'étendue de mer

Leur dit combien la vie est belle quand on aime.

Un seul être

Un seul être condense la totalité de mes désirs,

Un seul être encense mon cœur de Sa parole.

Son verbe est beauté,

Sa musique est cadence,

Je suis ivre de ses parfums.

Un seul être apaise mon cœur.

Un seul être m'éclaire de Sa lampe.

Son regard est lumière,

Sa parole est élixir,

Sa grâce me saoule et me dessoûle.

Un seul être me garde dans le creux de son cœur,

Mon nom est gravé dans la paume de sa main.

Que mon cœur cesse de battre s'il me délaisse.

Que mon âme rabougrisse s'Il me répudie.

Où irais-je loin de Celui que mon âme aime

Jusqu'au dernier atome?

Il est ma raison-d 'être et ma flamme,

Tout en moi le réclame.

La nuit

J'aime la nuit au cœur de la saison pluvieuse,

Quand la nature endormie me porte dans ses bras.

J'aime entendre le souffle du vent,

Le grondement du tonnerre,

Ou le ruissellement de ces ondes claires

Qui me rappellent de manière sereine

La douceur d'un pays béni de Dieu.

La nuit, je prends souvent mes mains sur mon visage

À la recherche du noir et du vide absolu.

C'est alors que je revois ces êtres chers

Qui sont partis sans véritablement nous quitter.

J'aime la nuit parce qu'elle nourrit ma mémoire,

J'aime la nuit parce qu'elle me conseille

Et le matin au réveil la vie me sourit de plus belle.

Femme noire

_____

Femme noire, femme africaine,

Femme qui m'enflamme de ta beauté

Naturelle et de ton charme éthéré,

C'est de tes rondeurs que je suis enivré,

C'est de ta couleur que je suis enfiévré.

Femme noire, femme africaine,

Svelte ou colossale, le galbe de ta hanche me fait tanguer

Autant que l'empan de tes épaules.

Le contour de ta poitrine

Et ton teint d'ébène me paralysent

CRIS DE L'ÂME

Comme les grâces de la belle hottentot

Que l'on traîna jusqu'au poteau de l'humiliation.

Femme noire, femme de Senghor,

Pose sur mon front tes mains balsamiques,

Envoûte-moi par ton toucher magique

Fais-moi boire de ton vin jusqu'à la lie.

Femme noire, femme africaine,

Femme parfois volage sans raison,

Si tu connaissais la valeur de ta teinte

Tu ne donnerais pas ta peau en pâture à la chimie.

Croire

Un soir, assis tous les deux devant la mer immense,

Mon fils m'a demandé d'une voix innocente

Ce que c'est que croire.

Je lui ai répondu que croire :

C'est percevoir avec les yeux de l'âme

L'intelligence qui repose derrière l'univers;

Croire c'est capter avec les oreilles du cœur

L'adoration des créatures qui peuplent l'étendue

Des cieux et de la terre.

Croire c'est par-dessus tout se reposer

Sur les promesses de l'être qui a formé toutes choses

CRIS DE L'ÂME

Par la puissance de Son verbe,

S'aligner sur Ses plans en sachant au fond de soi

Que tout est possible pour celui qui croit.

Garde-toi, mon fils, de tomber dans le filet des mécréants.

Ils te diront que la foi n'est que superstition.

Mais crois-moi, mon enfant,

La foi n'est ni folie ni ennemie de la raison.

La foi est un réalisme.

Mon oncle

_____

Mon oncle,

Toi qui m'aimes et qui me chéris tant

Je n'avais que six ans

Lorsque maman me confia à toi.

Tu me pris dans tes bras vigoureux

Et m'ouvra les trésors de ta sagesse.

Mon oncle,

Que serais-je devenu si tu m'avais laissé

Errer dans le labyrinthe de l'ignorance?

Que serais-je devenu si tu n'avais pas été là

CRIS DE L'ÂME

Pour me montrer la voie à suivre?

Ta carapace de fer et ton apparence d'homme d'acier abritaient à mon insu

Un cœur doux comme je ne pouvais l'imaginer.

Plus qu'un simple parent,

Tu as été pour moi un ami.

Tu as sacrifié ta vie pour donner un sens à la mienne.

Tu m'as sorti du puits où l'on m'avait mis

Et m'a nourri avec le pain du savoir.

Comment pourrais-je donc te décevoir,

Moi qui porte autour de mon cou

Le collier de ta sueur et la marque de ton dur labeur.

Toi

_____

Toi, l'os de mes os, la chair de ma chair;

Toi, la raison première de mon univers,

Toutes joies et peines confondues,

Mes fontaines et mes larmes jaillissantes.

Toi, mon doux bourreau,

La sève qui coule à flot dans mes entrailles

Et qui me fait mal,

L'arbre qui au fond de moi se dresse

Et sur lequel l'oiseau de la détresse

Chante en continu l'hymne de ma douleur.

CRIS DE L'ÂME

Mon âme au martyr comme à l'agonie

Crie matin et soir dans l'ombre de ton indifférence.

Toi, la cause suprême de mes lamentations,

Toi, l'objet de tous mes supplices et délices :

Mon honneur bafoué,

Ma dignité et ma virginité foulées,

Qu'ai-je fait pour ne pas te plaire ne serait-ce qu'une demi-fois?

Que m'as-tu fait pour que je sois aussi folle d'amour pour toi?

Nuit de noces

Sublime ou lumineuse, peu importe l'épithète du jour.

Le souvenir de notre nuit de noces

M'a rempli d'une profonde exaltation au réveil.

Le soleil d'une vie nouvelle me câline.

Je ressens sur mon derme la caresse de son onde sibylline.

J'aurais voulu d'une extase interminable,

D'une rémanence infiniment intense

Afin d'atteindre avec ma beauté l'Himalaya des plaisirs.

J'aurais voulu d'un solstice éternel,

CRIS DE L'ÂME

Quand les nuits sont plus étirées que les jours,

Quand le silence s'impose à des kilomètres à la ronde.

J'aurais voulu que nos corps fusionnent

Et que nos esprits s'imbriquent à tout jamais.

Rivière infectée

Il y'a six mille ans en Eden

Un acte banal comme fatal

Plongeait l'humanité dans les dédales

Du canyon d'où coulent désormais

Les eaux troubles de l'iniquité.

La rivière qui distillait la vie

Est infectée par un venin mortifère

Qu'aucun remède ne soulage.

J'ai remonté le fleuve jusqu'à sa source,

J'ai trouvé le limon qui a troublé

La limpidité de son Crystal;

C'était un acte banal comme anodin,

Un geste pourtant bénin,

Mais ô combien mortel!

Loin de ta présence

Partir, tel était ton désir,

Découvrir le nouveau monde

Or tu savais au fond de toi-même

Que ces odyssées ne nous rapprocheraient guère.

Partie pour explorer les confins de la terre

Voilà six années que je suis sans aucune nouvelle de toi.

Chaque soir je t'attends dans la rue déserte.

Mes nuits sont folle agitées,

Mon sommeil est constamment ruiné.

Mes yeux se défoncent, mon cœur se creuse

CRIS DE L'ÂME

Chaque jour je suis mort et enseveli.

Penses-tu encore à nos enfants

Et au bonheur qu'ils nous ont souvent procuré ?

Penses-tu encore à nos terres si pleines de mystère :

La vigne, la grange, le fourré,

Le dur labeur des journées ensoleillées.

Penses-tu encore à tout cela ?

Penses-tu encore aux ambiances crépusculaires,

Au soleil qui se répand dans notre manoir,

À la cloche du soir qui retentit fidèlement

Conviant le village au culte vespéral.

Aurais-tu oublié le grand amour que toi et moi

Avons toujours vécu,

Nos nuits passées devant le feu de bois

Blottis l'un contre l'autre dans une épaisse fourrure de zibeline ;

Aurais-tu oublié tous ces moments savoureux ?

Où que tu sois, je prie que le vent

Te fasse entendre l'écho de ma voix.

Que mes supplications te parviennent toutes à la fois,

Car je suis extrêmement misérable sans toi.

Loin de ta présence-réplique

———————————

Tu ne peux savoir combien je suis triste

De te savoir emmailloté dans des draps humides.

Le vent a transporté tes cris à mes oreilles,

Les eaux ont charrié le torrent de tes larmes

Désormais, je sais tout le tort que je t'ai fait.

Si j'étais un rayon de soleil, je te réchaufferais,

Si j'étais un oiseau chanteur, je chanterais pour t'égayer

Hélas ! Je ne suis qu'une pauvre Robinson

Dans un îlot perdu du monde.

Tu as beau me reprocher ma vanité,

Tu as beau m'imputer ce qui est arrivé,

Mais crois-moi, chéri, je n'ai jamais désiré

Qu'un si terrible mal nous atteigne.

Puisses-tu savoir combien moi aussi je souffre sans toi.

Loin de toi le ciel est sombre,

Les jours sont courts et les nuits interminables.

Les souvenirs du passé me hantent, me harcèlent

Loin de toi chéri, je perds mon repère.

Chaque nuit, mon cœur m'interroge.

Il me demande où tu es,

Ce que deviennent nos trois enfants.

Et moi je lui réponds que vous êtes là,

Dans l'océan qui gronde,

Dans le vent qui souffle ou dans le feuillage qui m'ombrage.

Vous êtes là, tout près de moi.

Je t'ai aimé

Je t'ai aimé, mon ami

Je t'ai aimé.

Je t'ai aimé comme l'ombre

Qui décline à l'approche du soir,

Je t'ai aimé comme le quart de lune

Qui cède sa place à l'astre du jour

Je t'ai aimé comme une tigresse

Qui crie sa folie au-delà de la savane ;

Je t'ai aimé comme une femelle émue

Ou une jument dévêtue

Qui s'offre corps et âme à son unique mâle.

Je t'ai aimé, mon ami,

Je t'ai aimé.

Et si Dieu le permet, je t'aimerai encore plus fort

Lorsque toi et moi ne serons plus qu'un

Dans ce monde idéal où plus rien ne nous séparera.

Je t'ai aimé-réplique

Moi aussi je t'ai aimée, mon amie.

Moi aussi je t'ai aimée.

Je t'ai aimé comme un fauve affamé et assoiffé de toi,

Je t'ai aimé comme un félin enragé et

Prêt à tout démolir;

Je t'ai aimé comme un cratère noir de colère,

Je t'ai aimée comme un volcan qui crache

Le feu à longueur de journée.

Je t'ai aimée, mon amie,

Je t'ai aimée.

Et si Dieu le permet je t'aimerais encore plus fort

Lorsque toi et moi ne serons plus qu'un,

Dans ce monde idéal où plus rien ne nous séparera.

Que vaut la nuit sans toi?

————————

Que vaut la nuit sans toi, mon amour ?

Que vaut la splendeur du jour sans ton apport ?

Dans cette caserne infernale où mon âme languit,

Je ne songe qu'à m'évader pour être à tes côtés,

Mais le froid d'hiver,

Farouche tel un mercenaire

M'empoisonne de son dard.

Où que tu sois, mon amour,

Sache que j'ai grand besoin de toi.

J'ai besoin de toi pour affronter la brise hivernale,

J'ai besoin de toi pour savoir qu'il fait aussi beau la nuit.

Mon bonheur c'est être auprès de toi

Enfouir mes doigts dans tes cheveux

T'entrelacer, humer ton odeur

Jusqu'à ce que je sente approcher

L'aube hautaine et jalouse.

Demain le soleil se lèvera

Pour, hélas, disparaître à nouveau

Dieu seul sait que je ne cherche ni gloire, ni honneur

Si ce n'est l'astre qui se lève et qui s'en va.

L'affreuse inanité de ta raison d'être

Tu étais sans éclat ni splendeur,

Une créature dont on dédaigne la valeur.

Ta silhouette longiligne n'inspirait

Que le malheur;

C'est pourquoi tu ne pouvais ni exceller,

Ni aller au-delà de tes bornes,

Car tout était joué d'avance.

Ton souffle pendait comme une feuille morte

Sur une branche desséchée.

Quel moineau s'y serait perché ?

Quel oiseau y aurait chanté?

Si ce n'est le cygne chantant ses adieux au monde.

Tel un vagabond qui déambule les chemins d'un labyrinthe,

Tu allais errant dans les rues du désespoir.

Humilié et rejeté par tes pairs

Tu résolus de vivre en solitaire.

Et même dans cette solitude forcée

Le monde s'activa à te haïr sans cause.

Bien que tu fusses un « muna sué »

L'enfant des eaux et des rivières

Tu n'avais droit à aucun poisson.

Quelles terribles injustices tu as subies, mon frère ?

Quelles misères inhumaines tu as vécues ?

J'aurais tout imaginé dans la vie sauf ça.

Un homme étranger dans sa propre patrie.

Pourquoi donc fournir tant d'efforts,

Si pour finir, la vie vous réserve un triste sort ?

Ne le savais-tu pas mon ami ?

Ne l'avais-tu pas appris ?

Il n'appartient pas aux damnés

D'aspirer aux grandeurs de ce monde.

Les hauteurs sont réservées aux âmes bien-nées,

Car la valeur chez elles n'attend point un nombre d'années.

Quant à toi, marche vers la carrière qui t'est ouverte

Et contentes-toi d'accomplir quelque destin funèbre.

Triste flamme

Tu étais semblable à une flamme

Qui agonise dans le vent.

Tu désirais chasser les ténèbres

Qui nous environnaient.

Mais, nul ne voulait de ta lumière,

C'est pourquoi, triste flamme,

Tu t'es éteint à jamais.

Tu étais semblable à un faible roseau

Que l'on expose à la furie des eaux.

Tu t'es battu contre toutes sortes de maux,

Mais n'ayant personne pour venir à ton secours,

Tu t'es brisé pour toujours.

Tu étais semblable à un vagabond

Que l'on condamne à errer sans repos.

Tu as été livré à la canicule du jour,

Et aux bourrasques de la nuit,

C'est pourquoi ne pouvant plus tolérer

Que tu fusses l'objet de tant de souffrance

Il plût au juge des cieux de mettre fin à tes jours.

Lamentations d'une mère inconsolable

À ma mère Elisabeth de regrettée mémoire

Mon fils m'a réveillé au cœur de la nuit

Pour m'annoncer son départ pour un pays lointain.

Je l'ai supplié d'attendre l'aurore,

Mais il ne m'a pas écouté.

Je me suis jeté à ses jeunes pieds

Et les ai arrosés d'un torrent de larmes.

Et malgré l'inquiétude en mon âme,

Il est parti sans même regarder en arrière.

CRIS DE L'ÂME

La nuit s'écoule, le jour approche,

Pourquoi mon fils veut-il s'en aller avant l'aube ?

Il est des jours où le cœur bat à la folie ;

Il est des jours où les entrailles se contractent

Pour faire entendre au ventre le cri de l'esprit ;

Il est des jours où le sang bouillonne dans les veines

Pour nous avertir d'un grand danger.

Mon fils m'a tourné le dos comme à une étrangère

Me disant qu'il s'en allait pour un voyage sans destination.

C'était le voyage de la mort,

Le voyage de la séparation éternelle.

Ecoutez-moi, femmes d'ici et du monde entier,

Ecoutez-moi, vous toutes qui allaitez encore,

Je suis la voix de celle qui crie dans la forêt,

Je suis la voix de celle qui a tout perdu ici-bas.

Quelle est ma raison d'être, dites le moi ?

Quel est le but de mon existence sur terre ?

Mes amies me calomnient, je supporte,

Mes voisins me traitent de dévoreuse d'enfants

Je m'en remets à Dieu.

Trop c'est trop, je ne veux plus vivre.

Ma décision est prise, mon cœur est résolu.

S'il vous plaît, ne faites rien pour me consoler.

Au soir de leur vie, les bienheureuses comptent leur progéniture.

Mais, moi je compte mes morts.

J'ai passé mes jours à abourer une terre hostile.

Est-ce ma faute si ma moisson n'a pas été bonne.

Qu'ai-je encore à faire sous ce soleil qui me brûle sans raison ?

Le jour s'écoule, la nuit approche

Pourquoi mon fils veut-il s'en aller avant l'aube ?

Le vague à l'âme

En ce sombre jour du 30 août

Je suis venu commémorer dans ta maison

Le 3è anniversaire de ton martyr.

Des souvenirs, nombreux tel un troupeau de douleurs

Déferlent à tour de rôle dans ma mémoire.

Trois années ont passé-déjà.

Tout le monde a pris de l'âge.

Ta fille Melissa nous dérange

Tout le temps,

Elle ignore que tu nous as quittés.

Ta sœur Florence ne s'est pas encore remise

Et ta mère Elisabeth ne cesse de se lamenter

De jour comme de nuit.

Voilà trois années que la famille souffre, et moi avec.

Trois années que le destin cruel

Nous prive de ta plaisante tutelle.

Grande est notre douleur quand on se rend à Be panda village:

Triste lieu qui vit naguère

Le compteur de tes jours s'arrêter.

Puisses-tu comprendre combien la vie

Nous est infernale sans toi.

Chaque jour, je ris, je pleure

Plus rien n'a de sens pour moi.

Te reverrais-je encore un jour mon frère ?

Te reverrais-je encore un jour ?

Au confluent du jour et de la nuit

Au confluent du jour et de la nuit

Je m'endors le cœur rempli d'ennuis

Mes soupirs sont des sanglots étouffés

Comme les cris de l'agneau immolé.

Au confluent du jour et de la nuit

Je m'éveille pour ne voir que des ombres grises.

Mes cris sont des jérémiades sans nombre

Comme des lettres mortes écrites à celui

Qui vit, hélas, de l'autre côté du fleuve.

Peu m'importe, qu'il vente ou qu'il fasse soleil.

La vie que je mène n'est plus que déchet.

Le jour j'attends la nuit, la nuit j'attends le jour

Le spleen et l'agonie sont désormais mes seuls amours.

Vivre sans le vouloir

Mourir sans le pouvoir

Tel semble être mon sort et mon lot quotidien.

Au confluent du jour et de la nuit-courage

———————

Ne crains rien, mon enfant,

Ne crains rien.

Ne crains pas les ombres qui défilent dans la nuit,

Ne crains pas les rapports alarmistes

Des messagers de la mort.

Car celui qui veille sur toi ne sommeille ni ne dort.

Sèche tes larmes et reprends courage.

Rien n'est éternel sous le soleil

Un jour viendra où ta douleur se convertira

En un étang de joie et de gloire

———

Encore un peu de temps,

Et le soleil de la justice se lèvera.

Ne te laisse pas abattre par le chagrin

Ne promène pas des regards inquiets.

Ne t'abandonne pas à la tristesse

Ne laisse pas la haine abîmer ton cœur d'enfant.

Le Tout-puissant voit tes peines.

Du haut des cieux il regarde.

Dors, mon enfant, Son ange te garde.

Un cercle dans l'abîme

———————

Est-ce à Toi, Seigneur que l'homme veut opposer

Les choses que tu as créées de ta propre autorité ?

Est-ce Toi que la science des mécréants veut expliquer

Avec les pauvres outils du langage social ?

La logique humaine n'est que déraison et poursuite du vent.

Quand Tu traças un cercle à la surface de l'abîme

Et établis les lois qui le maintiennent

Lequel de leurs génies T'avait inspiré une telle sapience?

Quand Tu découpas les grandes eaux

Et mis une limite à l'orgueil des flots,

Lequel de leurs savants T'avait assisté ?

Toutes choses portent la trace de Ton œuvre:

Le soleil et la lune rendent hommage à Tes œuvres;

Les oiseaux Te louent par leurs chants

Palmiers et cocotiers se prosternent pour T'adorer

Seul l'homme à la traine passe pour intrus

Au milieu de ce magnifique assemblage.

Regarde ce qu'ils ont fait à notre terre

―――――――

Quand le Créateur confia ce monde à l'homme

C'était encore un monde de décors et de beauté.

Mais regarde,

Regarde ce qu'ils ont fait à la terre,

La terre de Saint-Exupéry, la terre des hommes.

Une tempête de folie a soufflé sur la terre.

Ce n'était ni un ouragan, ni une mousson,

Mais un démon de démolition dénommé l'homme.

De quel droit l'homo sapien détruit-il ce qu'il n'a pas créé ?

De quel droit Terminator saccage-t-il tout sur son passage ?

Il n'est point rassasié tant qu'il n'a pas démoli

Jusqu'au dernier hectare de terre profitable.

De quoi demain sera-t-il fait, mes amis ?

De quoi demain sera-t-il fait ?

Terre de mystère

Elle existe depuis des myriades d'années

Et porte sur elle le poids de nos activités

Des milliards d'individus l'ont foulée,

Mais elle reste intacte.

Des coups de pioche ont beau l'ébrécher

Mais ses fondements restent parallèles.

Elle fait sortir le pain de son sein,

Et ouvre ses fontaines pour nous abreuver.

Elle nous fait du bien en tout temps.

Mais que reçoit-elle en contrepartie ?

Rien si ce n'est l'offrande de notre ingratitude.

Prenons garde de ne plus l'irriter

De peur que nous ne soyons anéantis

Au jour où elle éternuera.

La grandeur de Dieu

Le monde est saturé par la puissance de Dieu,

Les cieux sont enflammés de Sa gloire.

De l'occident à l'orient,

Du septentrion au méridional

La création chante l'hymne triomphal

De Sa beauté sempiternelle.

La puissance de Dieu s'impose

Comme un miroir dans la nuit.

Sa sagesse se distingue

Comme une étincelle dans les ténèbres.

Elle se métamorphose

Tantôt en chaleur, tantôt en fraîcheur.

Elle réunit en son sein

Toutes les essences du monde :

Le charme des blondes,

La sérénité des soirs d'automne,

Le chant monotone des montagnes.

Tout part de Lui et retourne à Lui.

L'herbe sèche, la fleur se fane,

Toutes choses passent,

Christ Seul demeure le rocher des âges.

Job

A mon ami, le poète Jean Mélèze à qui je fais écho avec grand plaisir

Job, l'homme intègre et fidèle que Dieu éprouve

Est souillé par un mal incurable qui le ronge.

La douleur lui pompe le sang comme une éponge

Jour et nuit il se plaint,

Mais sa plainte est douce comme une source

Il trouve qu'ayant béni

L'Eternel est en droit de maudire son serviteur.

Son corps est usé et prêt pour les tombeaux

Ses vêtements ne sont plus que de vieux lambeaux

Qui lui collent outrageusement sur la peau.

Même en apercevant sa maigreur de squelette

Les chiens les plus audacieux détalent sans crier gare.

En un jour, en un seul lieu Job a tout perdu :

Ses honneurs et ses privilèges

Ses hameaux et ses tours fortifiées

Les fruits de son gros et menu bétail

Et toute sa propre progéniture y comprise.

Au fond de sa mémoire de patriarche

Se dressent les souvenirs de son ancienne prospérité.

Ses milles chamelles avec leurs pis gonflés

Pourvoyaient du lait en quantité insolente.

Ses moutons dodus produisaient leur laine à foison.

Ses filles comptaient parmi les visages les Plus angéliques du pays.

Mais, hélas, ce passé de lait et de miel

N'est plus qu'un passé de regrets et de cendres.

Au milieu de tous ces tourments

Job reste sobre fervent.

Il a foi en son Dieu pour le secourir.

Quand de faux consolateurs le pressent

De confesser ses fautes,

Il n'a que des paroles assaisonnées pour se défendre.

Car, il croit dur comme fer

Que la victoire est une épée qui s'aiguise avec la lime de la foi.

« Je sais que mon Rédempteur est vivant », leur dira-t-il,

« Et qu'Il se lèvera le dernier ».

Les années défilent,

Mais Job reste fidèle.

Bien qu'affaibli par ce mal qui l'accable

Sa foi reste aussi incurable

Que la maladie qui l'humilie.

Sa peau a beau se rogner,

Sa chair a beau se décrépir,

Satan a beau multiplier les coups

L'Eternel reste le Dieu de son salut.

Heureux qui comme Job a su reposer sa foi en L'Éternel.

Le repos lui sera assuré pour des générations indéfinies.

Lamentations de Jérémie

_____

Tu es trop juste, Éternel, pour que je conteste avec Toi;

Je veux néanmoins T'adresser la parole sur Tes jugements:

Pourquoi la voie des méchants est-elle prospère?

Pourquoi tous les perfides vivent-ils en paix?

Tu les as plantés, ils ont pris racine, Ils croissent,

Ils portent du fruit;

Tu es près de leur bouche, Mais loin de leur cœur.

Quand j'ai réfléchi là-dessus pour m'éclairer,

La difficulté fut grande à mes yeux,

Jusqu'à ce que j'eusse pénétré dans les sanctuaires de Dieu,

Et que j'eusse pris garde au sort final des méchants.

_____

Oui, Tu les places sur des voies glissantes,

Tu les fais tomber et les mets en ruines.

Eh quoi! En un instant les voilà détruits!

Ils sont enlevés, anéantis par une fin soudaine!

Comme un songe au réveil, Seigneur,

À Ton réveil, Tu repousses leur image.

Mort, où est ton aiguillon ?

Malheur à toi qui pilles.

Quand tu auras fini de piller,

Tu seras pillé à ton tour.

Malheur à toi qui sèmes la terreur

Car tu récolteras le malheur.

Tu affliges l'orphelin et la veuve,

Tu décimes les peuples avec ton glaive assoiffé.

Tu répands tes méchancetés jusqu'aux êtres sans défense,

Mais tu ignores que la mort n'est point la destruction de l'homme intègre,

Mais une seconde création beaucoup plus admirable que la première.

Que feras-tu au jour du jugement dernier

Lorsque le juste juge prononcera sa sentence sur toi et ta servante,

À jamais tu seras dépouillé de tes pouvoirs,

Tu seras banni de ton premier domicile

D'où tu fus éjecté par l'épée de ton collègue Michel.

Ta nudité sera perçue de tous les peuples.

Est-ce cet homme puissant qui torturait les hommes? dira-t-on,

Est-ce ce geôlier qui ne libérait jamais ses captifs ?

Ô mort, où est ton aiguillon ?

Ô archange rebelle, où est passé ton pouvoir?

Musique et transcendance

Comment expliquer l'influence mirifique de la musique

Sur l'esprit mélomane ou profane?

Comment comprendre que rien n'émeut le Divin

Comme le son de la lyre combiné au bruit de la guitare?

Comment concéder que Mozart

Soit parvenu à extraire par la seule puissance des notes

Le venin d'un serpent inoculé dans le sang d'une victime?

Comment davantage comprendre qu'un jeune berger

Ait pu exorciser avec une simple cithare

La horde des démons déchaînés au palais du roi neurasthénique?

"La musique est l'art des prophètes capables d'apaiser

Par leur instrument les tourments de l'âme agitée".

Son langage est celui des notes et de l'esprit.

La musique perce les épaisseurs du cœur

Et transcende les frontières globales de l'humanité.

Le madrigal, la ballade ou le bout-rimé

Ne sont que de fidèles dérivés de cet art sans rival ni rivage.

La musique est vie

La musique est rythme,

La musique est césure

La musique est mélodie,

La musique est un baume

Pour l'esprit de l'homme qui l'aime.

Désillusion

J'ai rencontré lors d'un meeting à Galabru

Un orateur dont le mensonge était la plus belle vertu.

Il a fait un discours fourni de beautés.

Toutes ses phrases étaient vernies d'éloquence.

Nul ne pouvait résister à son admirable latin.

Qu'est ce qui rendait son baratin si convaincant?

Je me le demande encore huit ans plus tard.

Qu'est-ce qui rendait son discours si décoratif?

Où avait-il fait ses études ? Quel était son profil?

Il disait des choses délicieuses à l'ouïe,

Mais peu profitables à l'âme.

Mon oreille affamée ne se lassait pas d'ingurgiter

Toutes ces friandises.

Dans un moment d'émotion je me suis laissé emporter

Par la vague de motions qui jaillissait de la foule en liesse.

Sans pour autant réfléchir je lui ai prêté mon suffrage,

Car ses projets étaient beaux,

Peut-être trop beaux pour être réalisables de ce côté de l'équateur.

Quoi! Toutes ces paroles sont tombées dans l'eau?

L'art de l'oration serait-il un art au service de la prédation?

Pourquoi donc l'homme moderne gaspille-t-il les mots

Par de vaines promesses?

Le verbe n'était-il pas censé être un outil de création?

Pourquoi en fait-on un objet de récréation?

Les promesses de politicien, m'a-t-on dit,

N'engagent que ceux qui les croient.

Je me suis promis qu'à ce jeu l'on ne m'y prendra plus.

Qu'est-ce qu'ils sont futiles

Ceux qui s'efforcent de maquiller la vérité !

L'ours polaire

L'ours polaire, une bête d'une beauté rare

Crie au secours sans qu'on y prenne garde.

Son existence est faite de silence, d'errance

Et de solitude.

Elle s'enfonce en même temps que la banquise qui fond.

L'ours polaire pleure,

Mais ses larmes et sa sueur

Se mêlent aux glaciers et se confondent.

Son avenir est celui d'un condamné

Dont la mort est longtemps programmée.

Combien d'ours polaires survivront

À la folie industrielle de l'homme?

Combien d'hommes sont-ils semblables

À l'ours polaire d'aujourd'hui?

Retour à la terre natale

De retour à la terre natale,

Je plonge dans le sillon colonial

Qui m'a vu naître et grandir.

L'haleine fraîche du matin m'accueille.

Le soleil arrose de ses doux rayons

Les arbres qui s'effeuillent à mon passage.

L'eau du ruisseau scande

La musique de mon enfance.

Tout à coup un silence mystérieux

S'abat sur la clairière:

Entends-tu le souffle sacré de la forêt?

De retour à la terre natale,

J'hume le parfum de l'herbe

Encore chargé de rosée.

J'explore l'habitat des singes

Qui m'épient du haut de leurs perchoirs.

Leur tapage est beau et différent

Du boucan des grandes métropoles.

Ici l'herbe est fraîche et sans pesticides,

Tout est naturel jusqu'à la racine.

Et si c'était ici le haut-lieu de la communion

Avec la nature ?

Et si c'était ici la porte d'entrée vers

La véritable civilisation?

Un lien si précieux

Qu'il est triste d'avoir en soi même

De quoi s'élever jusqu'à l'Elohim,

De quoi former avec Lui le plus sublime entretien,

De quoi se rendre digne des hommages d'un si beau lien

Et étouffer des germes aussi précieux.

Ô Dieu si tendre, si plein de douceur

Regarde-nous du haut des cieux

Et dis-nous que tu n'es pas en colère.

C'est Toi qui crées en nous le vouloir et le faire,

C'est Toi qui nous ouvres ton bon trésor

Pour nous faire explorer les richesses de ta grandeur.

Affranchis nous de nous-mêmes Ô père,

Apprends-nous à nous séparer de nos chaînes

Et à nous attacher aux plaisirs non éphémères.

Un savoir au-dessus de mes méninges.

———————

Le monde est saturé de mystères,

La terre ploie sous le poids de leur silence.

Une science est au-dessus de mes méninges

Moindre est mon savoir pour l'appréhender.

Où va le souffle de l'homme après la mort?

Qui sépare l'âme du corps avec une telle constance?

Y'aurait-il jamais un mortel pour M'informer du sort qui m'est réservé?

Mon cœur en émoi bat encore la chamade

Ni Sartre, ni Socrate,

Seul le cavalier assis sur le cheval blanc.

Thomas Lerond Ndedi est un écrivain

Thomas Lerond Ndedi est un écrivain qui a la passion du beau verbe. Il est un amoureux de la langue et la littérature françaises qu'il enseigne depuis plusieurs années tant au niveau du secondaire que du supérieur. En août 2000, un évènement tragique se produit dans la vie de Thomas Lerond: le décès soudain et brutal de David Binyam, son frère ainé qu'il aimait d'un amour sans réserve. C'est ce qui le décide à se lancer dans l'écriture. Il commence à écrire des poèmes pour exorciser sa douleur. Il les écrits comme le flot d'inspiration se présente. Parti du Cameroun, son pays d'origine, Thomas Lerond vit et travaille présentement à Vancouver au Canada. Il est marié et père de deux beaux petits garçons.

www.ingramcontent.com/pod-product-compliance
Lightning Source LLC
Chambersburg PA
CBHW071143090426
42736CB00012B/2204